Nuestro jardín en la escuela

Los patrones

Rann Roberts

Créditos

Dona Herweck Rice, *Gerente de redacción*; Lee Aucoin, *Directora creativa*; Don Tran, *Gerente de diseño y producción*; Sara Johnson, *Editora superior*; Evelyn Garcia, *Editora asociada*; Neri Garcia, *Composición*; Stephanie Reid, *Investigadora de fotos*; Rachelle Cracchiolo, M.A.Ed., *Editora comercial*

Teacher Created Materials

5301 Oceanus Drive
Huntington Beach, CA 92649-1030
http://www.tcmpub.com
ISBN 978-1-4333-2744-5
©2011 Teacher Created Materials, Inc.

Tabla de contenido

El árbol solo

Había una única cosa donde terminaba la escuela de la calle Clark. Era un árbol muy alto y solo.

Pero todo cambia con la llegada de la nueva directora, la señora Pierce. A ella le encanta la jardinería. Cree que el árbol debería tener compañía.

Toda la escuela empieza a planificar jardines y huertos. Cada clase elige el tipo de jardín o huerto para plantar. Los estudiantes quieren usar **patrones** en sus cultivos. Un patrón es un grupo de objetos o símbolos que se repiten.

Un club de jardinería le da dinero a la escuela para que compre algunas **herramientas**. Además, los estudiantes venden semillas para recaudar dinero. Luego ¡ponen manos a la obra!

Exploremos las matemáticas

La escuela compra cada paquete de semillas a $1.00. Los estudiantes venden cada paquete a $3.00. Consiguen una **ganancia** de $2.00 por paquete. Haz la siguiente tabla. Completa el patrón.

Cantidad de paquetes de semillas vendidos	5	10	15	20	25	30	35	40	45
Ganancia total	$10	$20	$30	$40		$60	$70	$80	

a. ¿Cuál es la ganancia por la venta de 25 paquetes de semillas?

b. ¿Cuál es la ganancia por la venta de 45 paquetes de semillas?

Los insectos del jardín

Los niños del quinto año de primaria y del jardín de niños trabajan juntos. Los dos grados estudian los insectos. Aprenden que algunas clases de plantas **atraen** a los insectos que les gusta comer hojas. Plantan esos tipos de plantas.

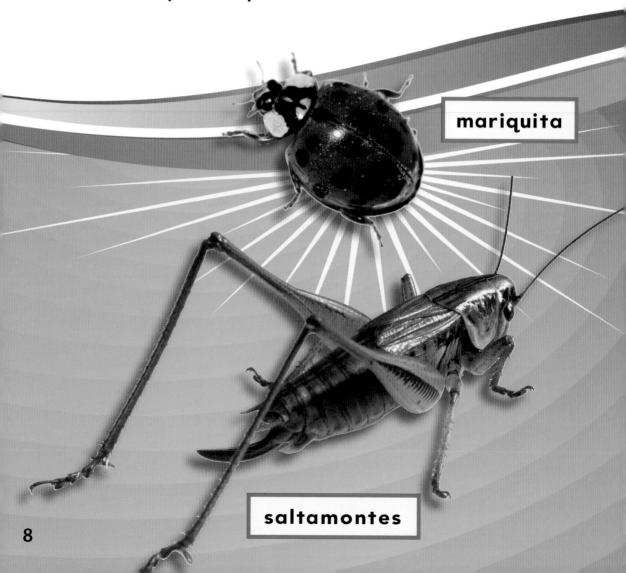

mariquita

saltamontes

Hay 2 cosas buenas que ocurren. Los estudiantes tienen insectos para estudiar. Y los insectos se mantienen alejados de otras plantas.

mosca

A los áfidos o pulgones les encantan las plantas de frijoles. Los alticinos adoran mordisquear los rabanitos. A las babosas les gustan las **hierbas**. Los estudiantes crean un patrón en el jardín con estos tipos de plantas.

Exploremos las matemáticas

Los estudiantes crean patrones con plantas que les gusta comer a los insectos. Plantan guisantes en la primera y la segunda hilera. En la tercera, cultivan rabanitos. En la cuarta hilera, plantan hierbas. El patrón se ve de esta manera:

a. Si el patrón continúa, ¿qué tipo de planta ocupará la siguiente hilera?

b. Si el patrón continúa, ¿qué tipo de planta ocupará la hilera número 8?

Los estudiantes pueden escuchar el zumbido de los insectos en su **parcela**. La llaman la Parcela de las sabandijas.

áfidos

babosa

A los niños del primer grado les gusta observar las mariposas. Saben que las mariposas vienen de orugas. Una oruga necesita comer hojas para crecer y engordar.

mariposas

oruga

Las orugas también necesitan un lugar seguro cuando comienzan a transformarse en **crisálidas**. Lo pueden hacer debajo de una hoja.

crisálida

Los estudiantes aprenden que las mariposas necesitan néctar. El néctar es un líquido dulce que se encuentra en las plantas. A las mariposas también les gusta beber de los charcos de barro.

Se mantienen calientitas bajo el sol sobre las rocas. Por la noche, se mantienen a salvo si hay un árbol cerca.

Los estudiantes plantan hileras de plantas que les gustan a las orugas. Plantan cadillos, malvas arbóreas y margaritas. Usan el siguiente patrón:

C   MA   MA   M   C   MA   MA   M

C = cadillos	MA = malvas arbóreas	M = margaritas

a. Si el patrón continúa, ¿qué tipo de planta ocupará la siguiente hilera?

b. Si el patrón continúa, ¿qué tipo de planta ocupará la hilera número 12?

Tan bueno para comer

Los estudiantes del segundo grado plantan un jardín de pizza. Plantan las semillas en grupos. Cada grupo tiene distintas plantas. Usan las plantas para preparar la salsa y los ingredientes adicionales para la pizza.

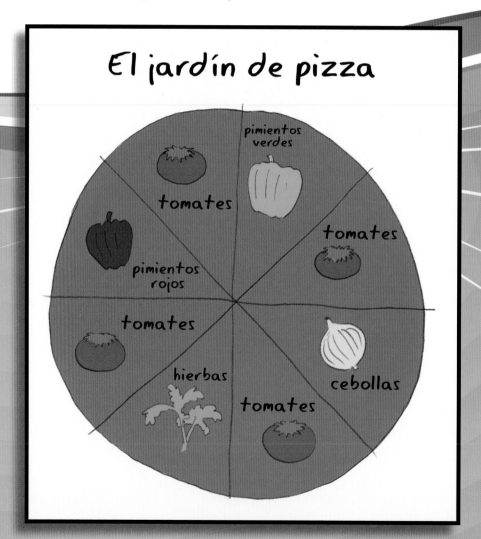

El jardín de pizza

tomates

pimientos verdes

tomates

pimientos rojos

tomates

cebollas

hierbas

tomates

La albahaca y el orégano son hierbas. Se usarán para darle más sabor a la salsa.

orégano

albahaca

Los tomates ocupan mucho espacio. Se usarán junto con las hierbas para preparar la salsa.

Exploremos las matemáticas

Los ingredientes adicionales y los tomates se plantan en secciones que parecen una pizza. Éste es el patrón que diseñan los estudiantes del segundo grado:

tomates **pimientos verdes** tomates **cebollas** tomates **hierbas** tomates **pimientos rojos**

a. Si el patrón continúa, ¿qué se plantará en la siguiente sección?

b. Si el jardín de pizza tiene 12 secciones ¿cuántas secciones corresponderán a plantas de tomates?

Tanto los pimientos como la cebolla irán sobre la pizza. Los estudiantes comprarán la masa para la pizza, el salami y el queso en la tienda.

Los niños del tercer grado están estudiando sobre indígenas americanos. Plantan un jardín de las tres hermanas. Contiene maíz, frijoles y calabacín.

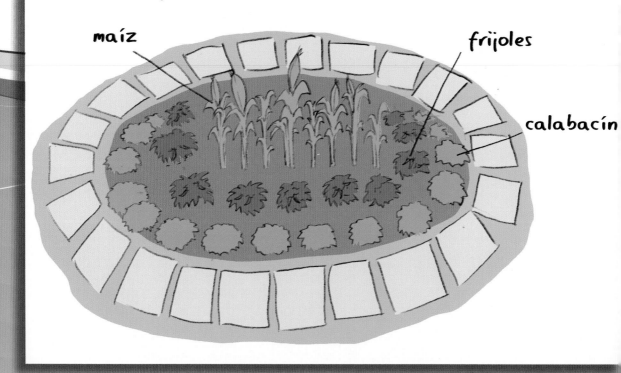

El jardín de las tres hermanas

maíz

frijoles

calabacín

Primero hacen un **montículo** de tierra. Aplanan la parte superior para que el agua no se deslice. Plantan el maíz en el centro.

Los estudiantes esperan hasta que el maíz alcanza una altura de 4 pulgadas. Luego plantan las semillas de frijoles trepadores alrededor del maíz. Los frijoles usarán el maíz como guía para trepar.

Las semillas del calabacín se plantan alrededor del borde. Necesitan mucho espacio para extenderse. ¡Los calabacines pueden llegar a ser muy grandes cuando crecen!

Los estudiantes del cuarto grado hacen un jardín de libros de cuentos. Hacen 2 partes. La parte 1 se basa en *Pedrito conejo*. Todas las plantas pueden encontrarse en sus libros.

Los niños plantan hileras de rabanitos, remolachas, lechuga y espinaca. A Pedrito Conejo le gustan estos vegetales.

El jardín de los libros de cuentos

rabanito

lechuga

remolacha

espinaca

Exploremos las matemáticas

Para el jardín de los estudiantes del cuarto grado se usa el siguiente patrón.

a. Si el patrón continúa, ¿qué planta ocupará el siguiente lugar?

b. Si el patrón continúa, ¿qué planta ocupará la hilera número 14?

Para la parte 2, los estudiantes recuerdan el cuento *Sopa de piedras*. Entonces crean un jardín de sopa de piedras. Plantan todo tipo de vegetales. En el otoño, hacen una sopa con lo que cosechan. Por diversión, le agregan algunas piedras limpias a la sopa.

¿Recuerdas aquel árbol alto? ¡Ya no está solo!

Las ganancias de la parcela de calabazas

El jardín comunitario tiene muchas calabazas. Los jardineros deciden hacer una parcela de calabazas para vender. Allí tienen 45 calabazas pequeñas y 10 calabazas grandes. El dinero que recauden servirá para pagar las semillas y plantas del año siguiente.

¡Calabazas a la venta!
calabazas grandes $5
calabazas pequeñas $2

¡Resuélvelo!

a. ¿Cuánto dinero pueden recaudar los jardineros si venden todas las calabazas pequeñas?

b. ¿Cuánto dinero pueden recaudar si venden todas las calabazas grandes?

c. ¿Cuánto dinero pueden recaudar si venden todas las calabazas?

Sigue estos pasos para resolver el problema.

Paso 1: Utiliza un patrón para calcular cuánto dinero ganarán los jardineros si venden las 45 calabazas pequeñas.

Cantidad de calabazas pequeñas	5	10	15	20	25	30	35	40	45
Ganancia total	$10	$20	$30						

Paso 2: Utiliza un patrón para calcular cuánto dinero ganarán los jardineros si venden las 10 calabazas grandes.

Cantidad de calabazas grandes	1	2	3	4	5	6	7	8	9	10
Ganancia total	$5	$10	$15	$20	$25					

Paso 3: Suma los 2 totales para averiguar cuánto dinero ganarán en total.

Glosario

atraer—cuando algo atrae a algo distinto hacia él

crisálida—cubierta dura que recubre a una oruga mientras se transforma en mariposa o polilla

ganancia—dinero que se obtiene al vender algo

herramienta—algo que se utiliza para trabajar, como una pala o un rastrillo

hierbas—plantas que se utilizan para darle más sabor a la comida

montículo—montón de tierra

parcela—parte de un jardín o huerto

patrón—algo que se repite muchas veces

Índice

Exploremos las matemáticas

Página 7:
a. $50.00
b. $90.00

Página 10:
a. guisantes
b. hierbas

Página 15:
a. C (cadillo)
b. M (margarita)

Página 18:
a. tomate
b. 6 plantas de tomate

Página 25:
a. remolacha
b. lechuga

Resuelve el problema

a. Ganarán $90.00 si venden todas las calabazas pequeñas.

Cantidad de calabazas pequeñas	5	10	15	20	25	30	35	40	45
Ganancia total	$10	$20	$30	$40	$50	$60	$70	$80	$90

b. Ganarán $50.00 si venden todas las calabazas grandes.

Cantidad de calabazas grandes	1	2	3	4	5	6	7	8	9	10
Ganancia total	$5	$10	$15	$20	$25	$30	$35	$40	$45	$50

c. Si venden todas las calabazas pequeñas y grandes, ganarán $140.00 en total.